BEI GRIN MACHT
WISSEN BEZAHL˙

- Wir veröffentlichen Ihre Hausarbeit,
  Bachelor- und Masterarbeit

- Ihr eigenes eBook und Buch -
  weltweit in allen wichtigen Shops

- Verdienen Sie an jedem Verkauf

Jetzt bei www.GRIN.com hochladen und kostenlos publizieren

Anne-Christine Funk

Thomas Manns "Der Kleine Herr Friedemann" als poetisches Manifest zu seinen späteren Werken "Der Tod in Venedig" und "Felix Krull"

GRIN Verlag

Bibliografische Information der Deutschen Nationalbibliothek:

Die Deutsche Bibliothek verzeichnet diese Publikation in der Deutschen National-
bibliografie; detaillierte bibliografische Daten sind im Internet über http://dnb.d-
nb.de/ abrufbar.

Impressum:

Copyright © 2008 GRIN Verlag GmbH
Druck und Bindung: Books on Demand GmbH, Norderstedt Germany
ISBN: 978-3-640-73649-2

Dieses Buch bei GRIN:

http://www.grin.com/de/e-book/159538/thomas-manns-der-kleine-herr-friedemann-
als-poetisches-manifest-zu-seinen

GRIN - Your knowledge has value

Der GRIN Verlag publiziert seit 1998 wissenschaftliche Arbeiten von Studenten, Hochschullehrern und anderen Akademikern als eBook und gedrucktes Buch. Die Verlagswebsite www.grin.com ist die ideale Plattform zur Veröffentlichung von Hausarbeiten, Abschlussarbeiten, wissenschaftlichen Aufsätzen, Dissertationen und Fachbüchern.

Besuchen Sie uns im Internet:

http://www.grin.com/

http://www.facebook.com/grincom

http://www.twitter.com/grin_com

Freie Universität von Brüssel

Deutscher Literatur Unterricht

2008-2009

Thema der Hausarbeit :

"Der Kleine Herr Friedemann" als Grundstein für Thomas Manns
spätere Werke "Der Tod in Venedig" und "Felix Krull"

Erstellt von:
Anne-Christine Funk

Brüssel, Dezember 08

Inhaltsverzeichnis

I. Einleitung

Das Thema dieser Arbeit lautet: "In wiefern ist der "Kleine Herr Friedemann" ein poetisches Manifest für Thomas Manns, für die spätere Novelle "Der Tod in Venedig" und für den Roman "Die Bekenntnisse des Hochstaplers Felix Krull". Insofern werden Parallelen zwischen den drei Werken gesucht und einer Kontextualisierung der historischen Verhältnisse zu Thomas Manns Zeit.

II. Thomas Mann : Biographie[1]

Paul Thomas Mann wurde am 6. Juni 1875 als zweiter Sohn von Thomas Heinrich Mann und seiner Frau Julia in Lübeck geboren. Mit 16 Jahren starb sein Vater, und die Kaufmannsfamilie löste sich auf. 1894 wird Thomas Mann Gasthörer an der Technischen Hochschule München mit der Absicht Journalist zu werden. Im Mai 1897 schreibt Thomas Mann seine Novelle "Der kleine Herr Friedemann" die ein Jahr später bei S. Fischer in Berlin erscheint. Am 1. Oktober beginnt Thomas Mann seinen Militärdienst, den er aber wegen Dienstuntauglichkeit abbrechen muss.

Im Sommer 1913 erschien Thomas Manns "Tod in Venedig". Ab 1933 beginnt Thomas Manns Exil. Er reist zu erst nach Holland, bis er ein Jahr später mehrere male in die USA reist. Am 19. November 1936 nimmt er die tschechoslowakische Staatsbürgerschaft an und siedelt endgültig nach Amerika aus. Dort beginnt er eine monatliche Radiosendung für seine deutsche Hörer. Nach dem Krieg unternimmt Thomas Mann drei Europareisen, 1955 reist er nach Holland. Dort erkrankt der Schriftsteller und wird ins Kantonhospital in Zürich überführt, wo er nach zwei Monaten stirbt.

III. Historischer Kontext um 1900[2]

Um die Jahrhundertwende war Deutschland noch bis zum Jahre 1918 ein Kaiserreich unter dem preußischem Kaiser Wilhelm dem II. Zur Reichsgründung 1871 gehörte auch der preußische Ministerpräsident Otto von Bismarck. Zu dieser Zeit entwickelte sich das Land zu einem hochindustrialisiertem Staat. Die Wirtschaft florierte, interessant ist nun aber zu sehen, wie die Künstler auf solche Veränderungen reagierten[3] : Wie zu Zeiten Napoleons, wurde die Kunst für die Propaganda benutzt. Es gab also keine Künstlerfreiheit wie wir sie heute kennen. Somit fühlten sich die Künstler ignoriert, isoliert. Das 20. Jahrhundert jedoch markierte eine Künstlerwende, heute spricht man von Modernität, doch damals war es Rebellion. Unverstanden, wandte sich der Künstler vom Bürgertum ab, oder anders gesagt, von den Konventionen des Bürgertums, deren Welt er oberflächlich fand. Man kann diesbezüglich die expressionistische, im Jahre 1905 gegründete Künstlergruppe "Die Brücke" nennen. Charakteristisch in ihren Werken ist das Ästhetisierte der Dekadenz, des Verfalls. Sie malten Arbeiter, Außenseiter und Prostituierte.

---

1 Zeittafel, Unterricht

2 http://de.wikipedia.org/wiki/Deutschland#Der_Weg_zum_deutschen_Nationalstaat_.281806.E2.80.931871.29, Geschichtsunterricht von Frau Gulpen in der Abiturklasse meiner jüngeren Schwester.

3 Cours d'histoire de l'art et de l'archéologie du 19ième et 20ième siècle de Monsieur Clerbois.

Der seelische, psychologische Aspekt wurde in den Vordergrund gebracht, wie man es sehr schön in einem Autoportät von Egon Schiele sehen kann. Doch nicht nur die Maler nahmen an dieser Bewegung teil, der interdisziplinarische Aspekt, dass heißt, dass überall in der Welt, Maler, Schriftsteller, Kritiker, Musiker daran zusammen arbeiteten. Dies war von höchster Wichtigkeit und hat es bis dahin noch nie gegeben. Die wichtigsten Künstler dieser Zeit, die Thomas Mann beinfluß-ten, waren Friedrich Nietzsche und Richard Wagner.

IV. Historischer Kontext: Die Nachkriegszeit[4]

Die neue Sachlichkeit entwickelt sich am Morgen des ersten Weltkrieges, die Künstler thematisieren Morde, Diebstahl, Kabarets, Prostitution, politische Spannungen. Mondrian und Kandinsky gründen 1910 den Modernen Kunstkrieg bis alle Projekte zum Surrealismus 1924 führen.Die Künstler werden sich mit der Psychonalyse Freuds befassen.

Die Bundesrepublik Deutschland wurde am 23. Mai 1949 gegründet. Zu dieser Zeit war Deutschland ein Trümmerfeld, es herrschte Hunger und der schwarze Markt florierte. Während die Soldaten in Gefangenenlagern in Sibirien oder in den USA waren, bauten ihre Frauen Deutschland wieder auf. Dann kam das Wirtschaftswunder unter dem Wirtschaftsminister Ludwig Erhard. Die Deutschen wurden zu wahren "Arbeitsmaschinen" als ob sie dadurch versuchten, die Vergangenheit zu verdrängen. Man sieht auch bei den Künstlern, dass sie sehr schockiert waren über die Grausamkeiten des Krieges. Sie setzten den Menschen wieder ins Zentrum der Schöpfung. Sie versuchten auch sich weiterzuentwickeln da viele Künstler während des Krieges gestorben, verletzt oder ausgewandert waren. Marlene Dietrich und Thomas Mann u.a., wanderten in die USA aus. So kann man in Thomas Manns " Bekenntnisse des Hochstaplers Felix Krull", im dritten Buch eine viel reifere Schreibweise feststellen. .

V. Der Kleine Herr Friedemann

"Der kleine Herr Friedemann" entstand 1896 und erzählt in fünfzehn Kapiteln die Geschichte des verkrüpelten Johannes Friedemann. In diesem Teil der Arbeit werden nach einer kurzen Zusammenfassung die Themen, und die Personen beschrieben. Zuletzt wird über die Kunstproblematik und über die Bedeutung der Ironie und der Symbolik bei Thomas Mann berichtet.

---

4 Der Spiegel: Die 50er Jahre, vom Trümmerland zum Wirtschaftswunder, Nr.48, 28.11.05

1. Kurze Zusammenfassung[5]

Die Novelle beginnt mit dem bedeutenden Satz, der den Leser direkt ins Geschehen fallen lässt *"Die Amme hatte die Schuld" "*. Johannes Friedemann schleppt seither einen großen Buckel mit sich, weil seine trunksüchtige Amme ihn fallen lies. Durch sein kurioses Aussehen sind ihm wichtige Elemente des Lebens verschlossen, durch frustrierende Ereignisse in der Liebe und in der Freundschaft, zieht Johannes sich zurück, er interressiert sich zwar für das Schöne, das Sinnliche, jedoch ohne das Körperliche. Er wird bewusst zum Außenseiter, lebt allein für die Literatur, die Musik und die Natur. *"Das ist zu Ende [...] anderen gewährt es Glück und Freude, mir aber vermag es immer nur Gram und Leid zu bringen"* (S.15). Dieser "Lebensverzicht" wird sozusagen zum "Lebensersatz", Friedemann redet sich ein, dass er Seelenfrieden hat, doch bei der Begegnung mit Frau von Rinnlingen zerbricht seine kleine Welt. Er fällt in die Dekadenz, in den Verfall, weil er sich von der Kunst abgewendet hat, er zestört sich ganz bewusst selber. Als er Gerda von Rinnlingen seine Liebe gesteht, lässt sie ihn fallen, wie es der Fall war am Anfang der Novelle mit der Amme. Friedemann lässt sich mit den Kopf ins Wasser fallen und steht nicht mehr auf.

2. Die Kunstproblematik

Johannes Friedemann sieht sich als Künstler : Er spielt Violine, liebt Bücher, besucht das Theater und genießt lange Spaziergänge. Gleichzeitig aber lebt er in einer bürgerlichen Gesellschaft, aus der er seit seiner Kindheit zu entfliehen versucht. Lange lebt er so scheinbar glücklich, bis ihm Frau von Rinnlingen die Frage stellt *"Sie haben also geglaubt, glücklich zu sein?"* (S. 73) Die Kunst war alles, was Friedemann hatte, doch diese Illusion zerbricht plötzlich, als er sich von der Kunst abwendet und sich von seinen Gefühlen leiten lässt.

Lange sublimierte[6] Friedemann die Kunst, höherstehend als die sexuelle Befriedigung. Solange er seine Gefühle unterdrückt, hat er ein stabiles und ruhiges Leben. Als seine Liebe von Gerda von Rinnlingen nicht erwidert wird, sieht Friedemann keinen anderen Ausweg als den Selbstmord. Freud schrieb weiteres zur Neurose :

"Die mangelnde Anpassung ist im späteren Leben häufig stellvertretende Folge eines unbewältigten frühkindlichen Traumas. Durch dieses akute Trauma oder durch leichtere sich wiederholende chronische Traumatisierungen kommt es nach der psychoanalytischen
Theorie zu einer vermehrten Abwehrbereitschaft gegen diese schmerzlichen Erinnerungen
Neurosen werden nach der psychoanalytischen Theorie u. a. ausgelöst durch Störungen in bestimmten kindlichen Entwicklungsphase. Eine Persönlichkeitsstörung (Charakterneurose), welche zumeist ich-synton ist, wird durch eine frühe Störung in der Entwicklung ausgelöst."[7]

---

5 "Der Kleine Herr Friedemann" S. Fischer Verlag, 4. Auflage November 2003
6 Freuds Theorie der Subimierung und der Neurose, Vortrag von Rüdiger Görner
7 http://de.wikipedia.org/wiki/Neurose

Somit erklärt sich Friedemanns Leben in Konventionen und sein späterer Verfall durch die Begegnung mit Frau von Rinnlingen. Sie zerbricht ihn.

3. Thematik

Ein zentrales Thema, das sich auch im "Tod in Venedig" wieder findet, beschreibt der Autor selbst in seinem biblischen Werk "Der Joseph Roman":

„Es ist die Idee der Heimsuchung, des Einbruchs trunken zerstörender und vernichtender Mächte in ein gefasstes und mit allen seinen Hoffnungen auf Würde und ein bedingtes Glück der Fassung verschworenes Leben. Ein Lied vom errungenen, scheinbar gesicherten Frieden und des den treuen Kunstbau lachend hinfegenden Lebens, von Meisterschaft und von Überwältigung, vom Kommen des fremden Gottes war des Anfang, wie es in der Mitte war."[8]

Die Idee der einzelgängerischen Figur, die sich in dieser Hinsicht auch im Werk "Bekenntnisse des Hochstaplers Felix Krull" wieder findet, die Idee der einsamen, scheinbar glücklichen Figur die durch eine dunkle Macht zerstört wird, ist hier, im "kleinen Herr Friedemann" ein Zentralmotiv, ein Leitmotiv für seine späteren Werke.

Die Schuld ist ein ständiges Leitmotiv in diesem Buch. Bereits im ersten Satz des Buches wird die Schuldige für die scheiternde Existenz Friedemanns entlarvt; "Die Amme hatte die Schuld"

Letztes Thema ist der Tod, der Verfall, den wir aber im "Tod in Venedig" weiter verfolgen werden. Hier aber scheint es, dass Friedemann dem Verderben nachstrebt. Er weiss ganz genau, dass seine Beziehung mit Frau von Rinnlingen zum Scheitern verurteilt ist, dennoch lässt er sich darauf ein. Doch er geniesst diesen Schmerz, ergötzt sich daran.

Zwei Figuren kommen in dieser Novelle vor: Friedemann und Gerda von Rinnlingen, die Nebenfiguren kommen hier nur skizzenhaft vor, damit der Leser sich hauptsächlich nur auf die zwei Hauptfiguren konzentriert.

4. Symbolik[9] und Ironie

„Der kleine Herr Friedemann" ist nicht nur die Lebensgeschichte des Johannes, sondern auch eine tragische Geschichte die Thomas Mann hier auf ironische Weise erzählt. Dies zeigt sich vor allem in der Wahl der Namen, der Äusserlichkeiten und einer relativierten Tragik. Ironie und Parodie finden sich auch in den "Bekenntnissen des Hochstaplers Felix Krull" wieder. Hier wird der Schelmenroman parodiert, doch mehr dazu später.

---

8 Joseph III, Seite 420

9 www.baby-zeit.de/service/vornamen;

Thomas Mann spielt viel und gerne mit der Symbolik der Namen, man muss viel aufpassen wenn man ihn liest, dass einem kein wichtiges Detail entgeht, denn alle Sätze sind wohl gedacht und überlegt.

Johannes kommt aus dem hebräischen Yochanan, und bedeutet paradoxerweise "der Herr sei mir gnädig" und wird seither im Christentum als Ausdruck einer als Geschenk aufgefasste Geburt verstanden. Was den Nachnamen betrifft, findet Friedemann nur Frieden in der Kunst und in der Ruhe, "Mann" deutet wiedereinmal auf das Paradoxe, dass er im Leben niemals seine Männlichkeit ausleben wird.

Auf Seite 28 steht zum Beispiel " *"Er spazierte, winzig und wichtig, neben dem Grosskaufmann Stephens"*. Die Andeutung auf seine Körpergrösse weist auf seinen Minderwertigkeitskomplex hin.

Was den Namen Gerda von Rinnlingen angeht, stammt der Name Gerda aus dem norddeutschen Namen Gertrud, und bedeutet "Die Beschützerin". Anstatt wie ein Schutzengel über Friedemann zu wachen, könnte man sich Gerda von Rinnlingen wie die Stimme seines schlechtes Gewissenvorstellen, die neben einem auf der Schulter lauert und nur darauf wartet, dass man den schlechten Weg wählt.

Als Johannes Friedemann sich am Ende der Novelle im Bach fallen lässt, erklingt ein "gedämpftes Lachen"(76). Mann könnte meinen, dass sich um ein spöttisches Lachen handelt, dass sich auf Herrn Friedemanns Schicksal bezieht.

5. Schopenhauer und Nietzsche über die Enttäuschung

Über die Enttäuschung schreibt Schopenhauer, dass der, der den rechten Weg verfehlt und den falschen eingeschlagen hat, niemals etwas Anderes im Leben erreichen wird, als die Enttäuschung[10]. Friedemann, der sich selbst verurteilt, seine Männlichkeit nicht auszuleben, weil er während seiner Jugend von einem Mädchen enttäuscht wurde, denkt, dass wenn er sich den "schönen" Dingen des Lebens zuwendet, es schaffen wird so glücklich zu sein. Doch er irrt. Somit verlässt Friedemann das Leben, enttäuscht über dieses und das Leben enttäuscht über ihn. Nietzsche stimmte mit Schopenhauer überein, dass der, der den falschen Weg eingeht, im Leben etwas Falsches gemacht hat. Sei es mit Friedemann oder Aschenbach, der Leser empfindet wahrhaftig Mitleid mit diesen zwei jämmerlichen, unzufriedenen Figuren. In Felix Krull jedoch, entwickelt Thomas Mann jedoch den Trost Schopenhauers: hier wird der Tod positiv gesehen: er ist die Gelegenheit, wie "der Phönix aus der Asche", nach dem Tode zu neuem Leben zu erwachen. Das erklärt die Lebensfreude Krulls mitsamt dem Glück das, er immerwährend bei sich trägt.

---

10 Die Welt als Wille und Vorstellung, Von der Nichtigkeit und dem Leiden des Lebens

6. Schlußfolgerung

"Der kleine Herr Friedemann" war Thomas Manns aller erste Erzählung, die er mit 21 Jahren veröffentlichte. Man kann dieses Werk als Grundstein für seine weiteren Werke, die in dieser Arbeit noch analysiert werden, betrachten. "Tod in Venedig" schrieb Thomas Mann rund 10 Jahre später, "Die Bekenntnisse des Hochstaplers Felix Krull" schrieb er sein ganzes Leben lang. Es ist also sehr interessant zu sehen, wie sich der Schriftsteller in dieser Zeit entwickelte, wie sich nach seinem ersten Meisterstück seine Ausdrucks-und Schreibweise veränderte, und wie er lezten Endes mit seinem Werk "Die Bekenntnisse des Hochstaplers Felix Krull" eine ganz neue Richtung eingeschlagen hat.

VI. Der Tod in Venedig[11]

Thomas Manns Novelle enstand zwischen Juli 1911 und Juli 1912. In der folgenen Analyse wird gezeigt, inwiefern "der kleine Herr Friedemann" von grundlegender Bedeutung war, und inwiefern er diese Novelle beeinflusst hat. Nach einer kurzen Inhaltsangabe werden Parallelen zwischen beiden Erzählungen gezogen. Schliesslich wird noch ein zusätzliches Element zum "kleinen Herr Friedemann" analysiert: Der mythologische und philosophische Aspekt.

1. Kurze Inhaltsangabe

Gustav von Aschenbach ist die Hauptfigur dieser Novelle. Er ist ein renomierte, alternder Schriftsteller der sich in einer Schaffenskrise befindet. Während eines Spaziergangs am Nördlichen Friedhof, überkommt ihn eine Sehnsucht, zu reisen : *"Es war Reiselust, nichts weiter"* (S.9)
Nach einem Umweg über Istrien kommt er in Venedig an, die Stadt ist von fauligen Winden der Lagune verpestet. Er lässt sich am Lido in einem mondänen Hotel nieder, in dem viele internationale Gäste sind, wie zum Beispiel russische und polnische Familien. Aschenbach wird auf eine polnische Familie aufmerksam, bestehend aus drei Mädchen , einem Jungen, einer Gouvernante und der Mutter. Ihm fällt der Junge auf, den er wie folgt beschreibt : " [...] *dem Ausdruck von holdem und göttlichen Ernst, erinnerte an griechische Bildwerke aus edelster Zeit"* (S.26)
Dennoch will Aschenbach abreisen, der Scirocco, ein heisser Wind, schlägt seiner Gesundheit zu. Am Bahnhof jedoch gibt es Probleme mit dem Gepäck, also beschliesst er zu bleiben, während seine Leidenschaft für den schönen Tadzio wächst. Er sucht immer wieder die Nähe zum Jungen, folgt der Familie sogar in den Strassen nach. Die Strassen Venedigs werden mitlerweiler desinfiziert, jedoch spricht niemand über die Cholera um in die Touristen nicht wegzuscheuchen.
Bald jedoch muss Aschenbach festellen, dass die Liebe zum Knaben keine künstlerische, ästhetische Liebe ist, er begehrt ihn wahrhaftig. Um dem Jungen zu gefallen, schminkt er sich, er färbt seine grauen Haaren um

11 "Der Tod in Venedig und andere Erzählungen", Fischer Taschenbuch Verlag, 1978

jünger zu werden. Inzwischen liegt Aschenbach am Strand in einem Liegestuhl und beobachtet wie der Junge ins Meer läuft. Höchstwarscheinlich ist Aschenbach schon längst von der Cholera betroffen, er schaut den Jungen noch ein letztes mal an und stirbt.

2. Gemeinsamkeiten mit dem "Kleinen Herr Friedemann"

Erstes Hauptthema in beiden Büchern ist die Kunst und die damit verbundene Enttäuschung. Aschenbach und Friedemann sind zwei selbstdisziplinierte, rationnelle und einzelgängerische Männer. Sie leben durch ihre Kunst das, was sie im eigendlichen verdrängen: körperliche Leidenschaft (homoerotische Gedanken bei Aschenbach). Es ist die Wiederkehr des Verdrängten, die sie vom "rechten" Weg abbringt, und am Ende erreichen sie nichts weiter als bittere Enttäuschung. Aschenbach wie Friedemann kehren der Kunst den Rücken, gelangen in einen leidenschaftlichen Wahnsinn, der sie umbringt.

Der Leser kann nicht umhin, für die beiden Figuren Mittleid zu empfinden. Sie sind bedauernswert, weil das Opfer ihrer Begierde unerreichbar ist. Es bringt sie um den Verstan. Friedemann lässt sich am Ende der Erzählung ins Wasser fallen, Aschenbach bleibt in Venedig, obwohl dort die Cholera herrscht.

"Der Kleine Herr Friedemann" war Thomas Manns erste Erzählung, die er in "Tod in Venedig" vertieft. Es geht um dieselbe Problematik, nur scheint es so, dass der "Tod in Venedig" wie die Verwirklichung seines Werkes ist. Zehn Jahren sind zwischen beiden Werken vergangen, und das merkt man; Manns Schreib- und Ausdrucksweise ist viel erwachsener und erfahrungsvoller.

3. Die Kunstproblematik[12]

Das Bild des Menschen als Maschine enstand während der Insdustrialisierung in Deutschland. Somit ist die Schreibkunst für Aschenbach wie eine mechanische Arbeit. Er setzt sich vors Pult, "fabriziert" Wortmaterial und schreibt. Es gibt also einerseits den arbeitenden Bürger, der materielle Leistungen erbringt, und den Künstler der kontinuierlich geistige Leistungen erbringt.
"Eine künstlerfurcht, nicht fertig zu werden - die Besorgnis, die Uhr möchte abgelaufen sein, bevor er das Seine getan und völlig sich selbst gegeben"(S.15). Durch viel Strenge und Selbstdisziplin versucht Aschenbach also nicht nachzugeben. Nur so gelangt er in seinem Leben zu Ruhm und Größe. Es ist also nicht wunderlich, dass der Schriftsteller mit dieser Arbeitsweise in eine tiefe Schaffenskrise gerät. So also packt ihn die Reiselust, wie zum Beispiel die Italienreise von Goethe.

---

12 Notizen zu Rüdiger Görners Referat.

4. Der Tod

Der Tod ist in dieser Novelle ein ewiger Wiederkehrer. Beginnend mit dem Namen "Aschenbach", doch dazu mehr im mythologischen Aspekt. Erste Allegorie des Todes sind im ersten und zweiten Kapitel der Friedhofseingang, die düstere Abendstimmungen und die Schriftworte über dem Eingang der Aussegnungshalle " *Sie gehen ein in die Wohnung Gottes*" und "*Das ewige Licht leuchte ihnen*" (S.8). Im zweiten Kapiel erinnert die venezianische Gondel an einem grossen schwarzen Sarg. Stellt man sich zusätzlich zu dieser Szene das Venezianische Gondellied von Mendelssohn vor, überkommt einem ein wahrer Schauer. Im vierten Kapitel ist das Meer für Thomas Mann ein Todessymol : *„Denn Liebe zum Meer ist nichts anderes als Liebe zum Tode"* [13]

Im ersten Kapitel macht er während eines Spaziergangs die Begegnung eines fremdartigen Wanderers mit einem grossen Adamsapfel. In Venedig macht er auch die Bekanntschaft mit einem "falschen" Jüngling, den er ekelhaft und abstossend findet. Schliesslich dann der Strassenmusikant mit seinem falschen Lächeln und seinen roten Haaren. Diese drei Figuren sind Todesboten und der Leser ahnt schon längst, dass Aschenbach Venedig lebend nicht mehr verlassen wird.

5. Mythologische Aspekte

Im Gegesensatz zum "kleinen Herr Friedemann" nutzt Thomas Mann in dieser Novelle die altgriechische Mythologie um über die Dekadenz und den Verfall zu schreiben. Dafür benutzt er Dyonisos, den Gott des Weins und der Dekadenz und Appolo, den Gott der Schönheit und der Kunst. Den jungen Tadzio beschreibt Aschenbach wie den Gott Appolo selbst; göttlich schön, jung, mit blauen Augen und goldenem, langem Haar.

Die Hauptfigur der Novelle ist Gustav Aschenbach. Seinen Namen hat Thomas Mann vom 1911 gestorbenen Komponisten Gustav Maler. Aschenbach trägt nicht nur seinen Vornamen, sondern auch äußerliche Aspekte. Googelt man auch den "Aschenbach" so fällt man auf den Künstler Andreas Achenbach, schaut man sich jetzt näher die zwei Komponanten des Namens an, könnte man sagen, dass "Asche" und "Bach" ein Hinweis auf den Tod Aschenbachs ist. In der griechischen Mythologie kommt man nach dem Tod am Ufer des Styx, dort wartet Karon in einer Gondel, und fragt nach zwei Geldmünzen, die dem Toten bei der Beerdigung auf die Augen gelegt werden. Die Toten werden vor drei Richter geführt, somit wird jeder in seinem Teil des Todesreiches geführt, es gibt insgesamt 7 Todesreiche.

---

13 http://de.wikipedia.org/wiki/Der_Tod_in_Venedig

6. Philosophischer Aspekt

"Venedig ist für ist Nieztsche die Stadt, auf der der gebrochene Blick einer Sterbenden liegt, mit seiner unersättlich süssesten Sehnsucht nach den Geheimnissen der Nacht und des Todes..." [14]

Dass Thomas Mann in seinen Werken die Theorien von verschiedenen Philosophen und Künstlern thematisiert hat, wissen wir. Doch "Tod in Venedig" ist ein wahres Meisterwerk in dieser Hinsicht. Mann schreibt über die Enthemmemung des Künstlers, gefangen in seiner Rationalität. Damit das Werk nicht zu philosphisch wirkt, benutzt Thomas Mann die Mythologie: Das Apollinische; das heißt das Schöne und die Kunst, wird dem Dionysischen entgegengesetzt; und verliert. Aschenbach löst sich vollkommen von seinem bis dahin geregelten Leben, seiner "Athenischen Taktik" und gibt sich seinen Gefühlen hin. Ein fataler Fehler, denn er stürzt sich direkt in den Abgrund des Wahnsinns.

VII. Schlußfolgerung

"Tod in Venedig" ist ein äußerst komplexes Werk, dass sehr leicht mit dem "kleinen Herr Friedemann" in Verbindung gesetzt werden kann. Wir werden jedoch sehen, dass "Felix Krull" ein völlig neues Kapitel aufschlägt. Leben und Tod, Kunst, werden aus ganz neuen Winkeln gesehen. Dennoch bestehen Gemeinsamkeiten...

VIII. "Die Bekenntnisse des Hochstaplers Felix Krull"

An den "Benkenntnissen des Hochstaplers Felix Krull", schrieb Thomas über die Hälfte seines Lebens. Er begann den Roman Anfangs des zwanzigsten Jahrhunderts, vollendete ihn aber nie. Er schrieb ihn auf einem Notizblock die folgende Fortsetzung : *"Felix Krull wird mit 20 Jahren Kellner, lernt mit 21 den jungen Aristokraten kennen, an dessen Statt er reist. Kehrt mit 22 zurück. Arbeitet bis 27 als Hôteldieb. Von 27 bis 32 im Zuchthaus. Heiratet mit 34. Gerät mit 39 wieder in Untersuchungshaft und wird von Polizisten an das Sterbebett seiner Frau begleitet. Flucht aus dem Untersuchungsgefängnis und Entweichung nach England"* [15]

---

14 Liebe und Tod- in Venedig, die Davoser Literaturtage 2004, herausgegeben von Thomas Spreche, Seite 11.

15 http://de.wikipedia.org/wiki/Bekenntnisse_des_Hochstaplers_Felix_Krull#Chronologische_Folge_der_einzelnen_Drucke

1. Kurze Inhaltsangabe[16]

Felix kommt, mit viel Mühen, als Sonntagskind in einem bürgerlichen Hause zur Welt. Wenn auch über seine Mutter nicht viel gesagt wird, weiß man, dass sein Vater Sektfabrikant ist. Als die Fabrik wegen der fragwürdigen Sektherstellung bankrott macht, bringt Felix' Vater sich um.

Felix übt sich schon sehr früh in Betrügen und entwickelt sich in der Hinsicht immer weiter. Den Rat seines Paten Schimmelpreester folgend, reist Felix nach Paris um dort als Liftboy im Hotel "Saint James and Albany" zu arbeiten.

In Paris hat Felix zahlreiche Begegnungen die ihn sichtlich beeinflussen werden; er begegnet der Prostituierten Rosza die ihm Liebesspiele beibringt, Frau Houpflé, die ihm Geld gibt für seine "Dienste", Fräulein Twentymen und Lord Kilmanock, denen er das Herz bricht. Mit seinem einzelgängerischen Verhalten ist er Beziehungsunfähig, doch mit seiner Cleverness schafft es Felix, die Dinge immer zu seinen Gunsten zu drehen. Das Leben lächelt ihm zu; Als er die Bekanntschaft des Marquis de Venosta macht, beschließen die beiden Männer ihre Identitäten zu tauschen, und Felix tritt an seiner Stelle eine Weltreise an. Erste Ankunftsstelle ist Lissabon; im Zug trifft er Professor Kuckuck, einen Wissenschaftler. Sie reden viel über das Leben, über die Vergänglichkeit des Lebens, jeder aus seiner Sichtweise. Somit macht er zufällig die Bekanntschaft mit der Tochter des Professors, Zouzou. Beide necken sich gerne, und am Ende des Romans küssen die beiden sich. Doch die Mutter Zouzous, Maria Pia, fährt dazwischen und befiehlt ihrer Tochter, in ihr Zimmer zurück zu gehen. Daraufhin stürzt sie sich auf Felix. Das Buch Endet dann ganz abrupt.

2. Die "Bekenntnisse" als Parodie auf "Dichtung und Wahrheit"

Dass "Friedemann" als "poetisches" Manifest gesehen werden kann für Manns spätere Werke, wird in den "Bekenntnissen" vorallem deutlich. Als der Pate Schimmelpreester zu Krull sagt " *dass auch der Geistesfürst von Weimar zu kurze Beine besessen und zeit seines Lebens grosse persönliche Erfolge zu verzeichnen gehabt habe*", spiel er auf Goethe an. Das wird auch in Krulls Ausdrucksweise klar, wenn er zum Beispiel Landschaften beschreibt, gleicht es sehr dem romantischen Stil Goethes. Letztes "clin-d'oeil" wäre vielleicht die Andeutung auf die Italienreise Goethes. Goethe, ein großer Stürmer und Dränger begibt sich nach Italien, wo er neue Impressionen aufnimmt, die ihn reifen lassen. Im "Tod in Venedig", als Aschenbach eine Schaffenskrise hat, reist er nach Italien, Krull reist nach Lissabon. In der Tat parodiert Mann den Schelmenroman. Krull ist hier der "große" Held der im Leben viele Abenteuer erlebt die ihn reifen lassen.

---

16 Thomas Mann, "Die Bekenntnisse des Hochtaplers Felix Krull" Fischer Taschenbuchverlag, 49. Auflage 2007

3. Themen in Thomas Manns Hauptwerk

Felix ist ein Glückskind und Götterliebling wie es sein Name schon angibt. Von Geburt an ist Felix von der Glückhaftigkeit seines Daseins überzeugt. Er ist ein Sonntagskind und ist von Geburt an vom Schicksal bevorzugt; "*Ja, der Glaube an mein Glück und daß ich ein Vorzugskind des Himmels sei, ist in meinem Innersten stets lebendig gewesen*" (S.13)

Der kleine Herr Friedemann verzichtet hingegen auf das "Große Glück" das ihm das Leben hätte bieten können. Er schafft sich deswegen ein Ersatzglück in der Kunst und in der Musik an. Durch die Begegnung mit Gerda von Rinnlingen wird er in den Tod getrieben, der ihm allein Erlösung bringen kann. Ganz gegensätzlich zu Krull, der mit begnadeter Leichtigkeit durchs Leben geht.

Der Narzissmus kommt nicht nur in "Felix Krull" vor. Schon im "Tod in Venedig" wird Tadzio als Narziss beschrieben: "*das Lächeln des Narziss, der sich über das spiegelnde Wasser neigt, jenes tiefe, bezauberte, hingezogene Lächeln, mit dem er nach dem Widerscheine der einen Schönheit die Arme streckt*". Aschenbach, Friedemann und Lord Kilmarnock verkörpern die isolierte, andersartige Person, die Kontaktscheue und Beziehungslosigkeit die zu homoerotischen oder unmöglichen Liebesbziehungen führen. Zum Anderen kommt die Androgyne Figur auch immer wieder vor : im "kleinen Herr Friedemann" ist es die Rede von Gerda von Rinnlingen, die keineswegs als "weiblich" beschrieben wird". Im "Tod in Venedig" ist es die Rede vom jungen Burschen Tadzio, bei "Felix Krull" ist es Krull selbst. Durch diese Androgyne, Hermarphroditische Gestalt, wirken alle drei Figuren besonders anziehend, für Frauen wie für Männer.

Mythos, Philosphie und Psychologie kommen besonders ins Thomas Manns Werken vor. Thomas Mann befasste sich sehr lange mit Nietzsches Thesen. Besonders interessiert war er von der These, dass der Schwache mehr Geist hätte. Diese These reflektiert sich zum Beispiel im "kleinen Herr Friedemann" wieder; er ist körperlich schwach, doch interessiert für das Theater, die Musik, die Philosophie und die Literatur. Diese These bringt Mann in Verbindung mit seinem Hauptthema der Gegeneinandersetzung von Kunst und Leben, der Zusammangehörigkeit von Leben und Gesundheit, Kunst und Verfall.[17] Zusätzlich zum "kleinen Herr Friedemann" illustriert Mann diese Themen im "Tod in Venedig" durch mythologische Aspekte. Warum mythologische Aspekte? Während des 8. Jhds vor Christus, benutzten Philosophen, wie zum Beispiel Hésiode, den Mythos um die Welt zu erklären. Es war zu diesen Zeiten nicht immer möglich, die Herkunft der Menschheit, Naturereignisse oder die Geburt der Welt zu erklären.Vielleicht könnte man annehmen, dass Thomas Mann die griechische Mythologie benutzte, um im "Tod in Venedig" zum Beispiel die homoerotische Beziehung zwischen Aschenbach und Tadzio zu ästhetisieren.

---

17 http://books.google.de/books?id=edY2fhYwUZQC&pg=PA221&lpg=PA221&dq=Die+Schwachen+haben+mehr+Geist&source=web&ots=L6Lr tmkGMw&sig=6eaHg8fOtWsvNbHw28SdwpS44ZY&hl=de&sa=X&oi=book_result&resnum=1&ct=result

Nicht auszuschließen ist in den "Bekenntnissen" der Existenzialimus Satres. Er sagt, dass der Mensch nichts anderes ist, als das, was er macht. Scham, Furcht, Angst und Liebe sind Beweise für die Freiheit des Menschen. Doch wenn die Menschen wirklich so frei sind, warum handeln sie dann unmoralisch? Die Selbstlüge oder "mauvaise foi" wie Sarte sie nennt, ist nichts anderes als der menschliche Bezug zum "Nichts". Felix Krull genießt sein Leben, er ist frei wie ein Vogel. Dennoch stützt sich dieses glückliche Leben nur auf Betrug. Wie hätte das Ende der Geschichte ausgesehen, wenn Thomas Mann sie fertig geschrieben hätte ? Hätte Krull so weiter gemacht, hätte man ihn so weiter machen lassen ? Man könnte sich hier ebenfalls die Frage stellen, was denn "Glück" eigendlich bedeutet bei Thomas Mann; ist Glück die Liebe zur Kunst, die Verwirklichung seiner innigsten Fantasien oder eher ein Leben das in großen Zügen genossen wird ?

XIX. Schlußfolgerung

Zum einen darf man nicht vergessen, dass Thomas Mann, und viele andere Künstler, während einer politisch sehr komplizierten Zeit lebten. Nach dem Kaiserreich kam der Erste Weltkrieg, dann auch schon der Zweite Weltkrieg. Diese Einflüße sind durchaus bei diesen Künstlern erkennbar. Entweder nahmen sie Partei für diese oder jene Ideologie, oder aber kämpften sie für Frieden und Freiheit. Wie dem auch sei, diese Ereignisse haben Thomas Mann seht bewegt und mitgerissen; vergleicht man heute die Ausdrucks- und Schreibsweise Thomas Manns im "Kleinen Herr Friedemann" mit dem dritten Buch der "Bekenntnisse", so versteht man viel besser wie der Schriftsteller mit der Zeit ernster, träumersicher, philophischer wurde. Man erkennt auch zunehmend den Einfluss, den andere Künstler auf ihn hatten: Maler, Wagner, Nietzsche, Goethe usw. Die Entwicklungsstufe ist in der Hinsicht leicht verfolgbar.

Zunehmend kommen auch persönliche Aspekte ins Spiel, im "Tod in Venedig" lebt er sozusagen seine homoerotischen Fantasien aus, doch warnt den Leser, da der Protagonist am Ende des Buches stirbt, weil er sich von seinen Gefühlen leiten gelassen hat.

Am bemerkenswertesten jedoch ist, dass Thomas Mann der erste Schriftsteller war, der die Dekadenz der Kunst als Verfall sah. Auch wenn er in den "Bekenntnissen" eine neue Wendung eingeht, in dem er die Kunst wie einen Betrug, und den Betrug wie eine Kunst darstellt, hat er diese Einsicht immer gehalten und weiter entwickelt. Insofern war seine erste Novelle "Der kleine Herr Friedemann" eindeutig ein Grundstein für Manns schriftstellerische Entwicklung. Gerne hätten wir noch mehr von ihm gelesen und weitere Entwiclungen verfolgt. Leider sind die großen Schriftsteller nicht unsterblich, ihre Werke jedoch schon.

XX. Internetquellen

http://de.wikipedia.org/wiki/Thomas_Mann#Werke

http://de.wikipedia.org/wiki/Der_kleine_Herr_Friedemann

http://www.baby-zeit.de/service/vornamen/g/gerda.php

http://de.wikipedia.org/wiki/Neurose

http://www.thomasmann.de

http://de.wikipedia.org/wiki/Deutschland#Der_Weg_zum_deutschen_Nationalstaat_.281806.E2.80.931871.29

http://books.google.de/books?id=edY2fhYwUZQC&pg=PA221&lpg=PA221&dq=Die+Schwachen+haben+mehr+Geist&source=web&ots=L6LrtmkGMw&sig=6eaHg8fOtWsvNbHw28SdwpS44ZY&hl=de&sa=X&oi=book_result&resnum=1&ct=result

http://de.wikipedia.org/wiki/Bekenntnisse_des_Hochstaplers_Felix_Krull#Chronologische_Folge_der_einzelnen_Drucke

http://de.wikipedia.org/wiki/Der_Tod_in_Venedig

Unterricht

Referate von Stefanie und Eva

Zeittafel der Mann-Familie

Notizen vom Unterricht und vom Vortrag Rüdiger Görners

Bücher

"Les grands courants de la philosophie de l'Antiquité au Moyen Age" Sylvain Delcominette, syllabus de BA1

"Histoire de l'art et de l'archéologie du 19ième et 20ième siècle" de Sébastien Clerbois, syllabus de BA1

Hans Wysling "Narzismus und Illusionäre Existenzform zu den Bekenntnissen des Hochstaplers Felix Krull", Francke Verlag Bern und München, fünfter Band

Hans Wysling, "Dokumente und Untersuchungen, Beiträge zur Thomas-Mann-Forschung", Francke Verlag Bern und München, dritter Band

Liebe und Tod- in Venedig, die Davoser Literaturtage 2004, herausgegeben von Thomas Sprecher

Die Welt als Wille und Vorstellung, Von der Nichtigkeit und dem Leiden des Lebens